FERMAT.

NOTICE

PAR

M. JULES FRAYSSINET

Membre de la Société archéologique de Tarn-et-Garonne,
Correspondant de la Société historique de Gascogne.

MONTAUBAN,
IMPRIMERIE ET LITHOGRAPHIE FORESTIÉ,
RUE DU VIEUX-PALAIS, 23.

1878.

PIERRE FERMAT.

> Les grands hommes font la gloire
> d'une nation, l'honneur de la
> ville qui les a vus naître.

I.

Pendant longtemps on a ignoré le lieu et la date de naissance de Pierre Fermat, et Toulouse s'attribuait l'honneur d'être la ville natale de ce savant. Il y a quelques années on a trouvé aux archives de la mairie de Beaumont-de-Lomagne un document qui établit la vérité et qui restitue à cette dernière ville l'avantage dont elle est si justement fière et jalouse. C'est l'acte de baptême de Fermat, acte authentique auquel on devra toujours recourir; déjà il s'est imposé et il s'imposera désormais aux historiens comme aux biographes. Voici comment il est rédigé : « Pierre, fils de Dominique Fermat, bourgoys et segont consul de la ville de Beaumont a esté baptisé le 20ᵉ août 1601. Parrin Piere Fermat, marchant et frère du dit Dominique, marrine Jehanne

Cayenne. » — Comme ce même jour il y eut inscription de deux baptêmes, le vicaire de la paroisse, nommé Dumas, n'apposa sa signature qu'une fois, à la suite du deuxième acte. — La maison où est né Fermat existe encore ; on y a placé une plaque de marbre commémorative : aujourd'hui c'est la maison Vidailhan.

Il appartenait à une famille de magistrats consulaires : nous venons de voir que Dominique, son père, était consul de Beaumont ; Pierre, son oncle et parrain à la main si heureuse, devint bourgeois et l'un des quatre consuls en 1617. Le témoignage en est sur une pierre gravée qui se trouvait à la porte aujourd'hui disparue du midi de la ville (1).

On y lit :

  Mᵉ Jehan Brolac, Docteur et Advocat.
  Gaultier Vernies, Bourgeois,
  Pierre Fermat, Bourgeois,
  Guillaume Lacosse, Marchant,
    Consevls en l'Année 1617.

Au-dessus de chacun de ces noms figurent des armoiries d'une bonne sculpture. Je n'oserais pas dire qu'elles appartenaient aux ditsconsuls.

C'est donc bien à Beaumont-de-Lomagne que Fermat est né en 1601, sous le règne d'un des plus grands princes de l'histoire de France, Henry IV, celui dont le peuple a gardé si bonne mémoire, celui qui disait : « Je veux que les paysans puissent mettre la poule au pot chaque dimanche. »

---

(1) Cette pierre gravée et sculptée est conservée par M. Lagarde, au Picharrot.

II.

Tout petit enfant Fermat manifesta une intelligence précoce et un penchant pour la piété. Il allait à l'école tenue par les Cordeliers, à l'endroit même où sont aujourd'hui les frères Maristes. En dehors de l'école, il fut guidé dans ses premières études par l'abbé Dumas, celui par qui il avait reçu le baptême. Le digne prêtre soignait avec prédilection cette jeune plante qu'il pressentait devoir donner un jour de si beaux fruits; il l'initia à la connaissance du latin et du grec et le prépara à la première communion. — Le moment vint où ses professeurs de Beaumont n'eurent plus rien à apprendre au jeune Fermat; déjà l'élève en savait autant que ses premiers maîtres pour ce qui regarde au moins les sciences exactes, et il partit pour Toulouse. — Les soins de la famille allaient manquer à cette nature si délicate, si tendre, et pourra-t-on jamais dire ce que ressent d'amer et de triste le cœur d'un enfant qui s'éloigne pour la première fois de sa mère. Que ce premier désenchantement de la vie est pénible! n'avoir plus tous les jours les attentions, les tendresses, les baisers maternels! Y a-t-il une privation qui replie ou déchire davantage le cœur? Pauvres enfants, on ne sait qui est le plus à plaindre en ce moment de la vie, de vous ou de vos mères!

Fermat fit au collége des Jésuites les études les plus brillantes; à la distribution des prix de chaque année scolaire son nom était proclamé le premier des lauréats, présage du retentissement qu'il devait avoir plus tard dans Toulouse, en France, en Europe. Sorti du collége, il sut se mettre à l'abri des entraînements et des folles dissipations de la jeunesse, en continuant à vivre avec les maîtres qu'il entourait de respect et de reconnaissance. Se destinant à la magistrature, il étudia le droit ; sa conduite, son savoir le signalèrent de bonne heure à l'attention publique, et âgé à peine de trente ans, le 22 janvier 1631, il fut nommé conseiller au parlement de Toulouse. Quel bonheur et quel honneur pour Fermat de siéger, lui si jeune, à côté de personnages les plus respectables par leur âge et les plus éminents par leur mérite ! Il arriva plus tard au Capitoulat, haute dignité municipale qui anoblissait ceux qui en avaient été revêtus, et comme capitoul aussi bien que comme conseiller il s'attira l'estime et la sympathie des Toulousains. — Le 1er juin 1631 il épousa Mlle Louise de Long, jeune personne, dit un biographe, aussi distinguée par sa beauté et les charmes de son esprit que par ses vertus et sa naissance. — « Chaque année, ajoute ce biographe, dès qu'arrivait le temps du repos attaché à ses fonctions, il s'empressait d'aller en jouir à Beaumont-de-Lomagne, où se trouvaient toutes ses sympathies et son plus doux bonheur. C'est là qu'entouré de sa famille, il coulait des jours calmes comme sa conscience. Quel spectacle touchant il offrait alors ! Sa maison était ouverte aux pauvres de la contrée. Pas un ne passait sans recevoir sa part des aumônes qui étaient distribuées à chaque moment de la journée. Le lait, les fruits, même les mets de sa table, en un mot tout ce qui était réclamé pour le soulagement des malades, leur était immédiatement apporté. — Le savant magistrat accueillait de la manière la plus affable ceux qui venaient le consulter. Il réconciliait les familles, prenait la défense de l'opprimé, se déclarait le protecteur de la veuve et de l'orphelin, apostillait favorablement les requêtes et les placets qui lui étaient présentés; et se montrait si bon, si complaisant, qu'il dressait lui-même les suppliques de ses nombreux protégés. Il n'était jamais plus heureux que lorsqu'il avait rendu le plus de services. Aussi son nom était en vénération dans toute l'étendue du pays. »

III.

On voit à l'hôtel-de-ville de Beaumont un portrait de Fermat, gravé et pris, je crois, sur le buste de la Salle des Illustres au capitole de Toulouse. Sur ce portrait il a entre quarante et cinquante ans. La physionomie est de grande bonté; la tête ovale porte de très-longs cheveux partagés au milieu, suivant la mode, de suprême élégance, du temps de Louis XIII; la figure fine, encadrée de ces cheveux, respire l'intelligence et la douceur; le front est droit, calme et pur, et semble refléter la grandeur de ses pensées; la bouche a un pli tracé par l'aménité et l'affabilité; les yeux grands-ouverts ont le regard naïf et étonné des enfants; le sourire est doux, gracieux et empreint d'une légère mélancolie. Son costume est celui de capitoul, *senator tholosanus*.

IV.

Fermat est un savant du plus grand mérite, on peut ajouter un homme de génie : il a créé avec

Descartes la géométrie analytique; il a trouvé avec Pascal le calcul des probabilités; avant Leibnitz et Newton il avait posé les principes du calcul infinitésimal. Dans la théorie des nombres il est sans rival, si on en juge par les propositions qu'il a énoncées et dont malheureusement on n'a pas retrouvé toutes les démonstrations.

Cet homme, aussi modeste que savant, écrivait sur des feuilles volantes, qu'il déchirait quelquefois ou qui ont été égarées et perdues à jamais. « Fermat, dit un biographe, ne voulut rien livrer à la publicité sous son nom; il poussait l'insouciance jusqu'à ne pas garder copie de papiers d'une haute importance qu'il adressait à ses correspondants et dans lesquels il consignait ses plus belles découvertes. C'est sur les marges d'un livre qu'il a déposé quelques-uns de ses plus beaux théorèmes, et si parfois il n'a pas donné ces démonstrations que cherchent encore des géomètres de premier ordre, c'est, dit-il naïvement, parce que la place lui a manqué pour les écrire. Après la mort de Fermat, sa correspondance était disséminée en cent lieux divers, ses manuscrits éparpillés et négligés; son fils Samuel de Fermat n'était pas géomètre, et quelque soin qu'il se donnât, il ne parvint à retrouver qu'une faible partie de ce qui était sorti de la plume de son père.

Le Grand Dictionnaire universel de Larousse consacre à Fermat un article biographique dont j'extrais ce qui suit : « Sa vie, entièrement vouée à l'étude, offre peu d'incidents remarquables. Ses parents étaient marchands de cuir à Beaumont de Lomagne. Il étudia le droit à Toulouse et devint conseiller au

Parlement. Au milieu des austères devoirs de sa charge, il sut, par un contraste singulier, se créer des occupations littéraires, composer des vers français, latins, italiens, espagnols, cultiver l'érudition grecque, et se livrer aux mathématiques avec une telle supériorité, qu'on a pu dire de lui qu'il eût suppléé Descartes, si ce dernier n'eût pas écrit sa géométrie. Pascal avoue qu'il ne peut pas toujours le suivre dans ses recherches. « Cherchez ailleurs, lui écrivait-« il, qui vous suive dans vos inventions numériques ; « pour moi, je vous confesse que cela me passe de « bien loin; je ne suis capable que de les admirer. » Plusieurs théorèmes découverts par Fermat ont, du reste, épuisé les efforts de quatre ou cinq générations, sans que nous sachions encore par quels moyens il avait pu arriver à les poser et à les démontrer. Ces théorèmes ont successivement excité le zèle des Euler, des Legendre, et le premier pas dans leur démonstration est encore à faire. Les trois plus hautes autorités, d'Alembert, Lagrange et Laplace lui font honneur de la première idée du calcul différentiel, et lui attribuent sa part dans toutes les grandes découvertes de son époque. Descartes méconnut d'abord la science profonde de Fermat et riposta avec aigreur à quelques objections qu'il lui avait présentées; mais la paix, fondée sur une mutuelle estime, se rétablit bientôt entre ces deux grands hommes. Fermat avait laissé une réputation de profond savoir dans les questions de droit et d'une sévère intégrité. Il joignait la plus grande modestie à son immense mérite. Au milieu de ses plus vives discussions scientifiques il écrivait : « M. Descartes ne saurait m'estimer si peu que je ne m'estime encore moins. »

Ces paroles sont tout simplement admirables d'humilité ; je les trouve dignes d'un saint comme François de Sales ou Vincent de Paul.

En 1679 Samuel de Fermat publia à Toulouse, en un volume in-folio, les œuvres de son père, avec le titre de *Varia opera mathematica;* cet ouvrage est très-incomplet. — Sous le gouvernement de Louis-Philippe, les Chambres votèrent un crédit pour la réimpression de ces œuvres, mais le projet n'eut pas de suite. Voici le jugement que porte sur cet homme de génie celui qui avait été chargé de la réimpression : « Fermat doit partager avec Descartes la gloire d'avoir créé l'application de l'algèbre à la géométrie ; il paraît même que sur ce point qui forme le principal titre mathématique de Descartes, Fermat avait devancé cet illustre philosophe. A une époque où la mécanique rationnelle venait à peine de naître entre les mains de Galilée, Fermat sut tirer d'un principe métaphysique une belle solution du problème de la réfraction de la lumière, et il dut, à cette occasion, soutenir une longue lutte avec Descartes et ses principaux adhérents.... Quoique intéressants, les travaux de tant de mathématiciens divers sur la théorie des nombres furent complètement éclipsés par les découvertes de Fermat, qui, à l'aide de méthodes aussi nouvelles que fécondes, changea la face de cette branche si difficile des mathématiques. »

Entr'autres théorèmes que Fermat a énoncés est celui-ci : — Au-dessus du carré, il n'y a aucune puissance qui soit décomposable en deux puissances de même degré qu'elle (en nombres rationnels). — C'est très-probable qu'il en avait fait la démonstration, mais jusqu'à présent on l'a vainement cherchée. L'Académie des sciences a plusieurs fois mis au concours cette proposition et on ne l'a pas encore démontrée; elle a promis de donner cent mille francs à celui qui retrouverait la démonstration faite par Fermat. —

Les savants les plus illustres correspondaient avec lui. Pascal qui s'y entendait et qui n'était pas suspect de flatterie, lui écrivait : « Vos enfants portent le nom du premier homme du monde... je vous tiens pour le plus grand géomètre de toute l'Europe. »

Simple, de mœurs douces et tranquilles, il résida presque toujours à Toulouse et quoiqu'il voyageât très-peu, il avait les relations les plus brillantes. Au commencement de l'année 1665, étant à Castres où il avait dû se rendre comme commissaire du roi en la Chambre de l'Édit, il y mourut le 12 janvier, à l'âge de soixante-trois ans. C'était sous le règne de Louis-le-Grand, et il appartient à cette pléiade de grands hommes qui ont fait donner à ce siècle par l'histoire le nom de siècle de Louis XIV. — Voici l'extrait mortuaire : « Le douzième du mois de janvier mil six cent soixante-cinq décéda, ayant reçu tous les sacrements, messire Pierre de Fermat, conseiller du roi en son parlement de Tolose et commissaire en la Chambre de l'Édit séant à Castres, et fut enseveli le treizième dans l'église des révérends pères de Saint-Dominique, où les meilleurs du vénérable chapitre ont fait l'office. »

Fermat décéda ayant reçu tous les sacrements; Newton courbait son front lorsqu'il prononçait ou entendait prononcer le nom de Dieu; Képler terminait par une admirable prière le livre où il consignait les lois du monde qu'il venait de découvrir. Que pensent de cela nos célèbres matérialistes et certains de nos savants d'aujourd'hui? Ils préfèrent croire à la matière plutôt qu'à Dieu; et, au fait, ils poussent leur ambition jusqu'à vouloir descendre du singe. Quelle élévation de pensée! Quelle noblesse de race! En vérité, tous ces savants-là deviendraient bien risibles s'ils n'étaient horriblement humiliants.

V.

En dehors de ses fonctions de capitoul et de conseiller en Parlement, Fermat se mêla très-peu à la vie publique. Toutefois, dans une circonstance aussi grave que mémorable, il mérita bien des Beaumontois : c'était en 1652, pendant les troubles de la Fronde (1). A l'instigation du prince de Conti, abbé

---

(1) Après la mort du cardinal de Richelieu en 1642, de Louis XIII en 1643, pendant la minorité de Louis XIV, il se forma une réaction d'intrigues contre Mazarin, successeur et héritier de la politique du célèbre cardinal-ministre. Un plaisant compara les réactionnaires aux écoliers qui, à cette époque, s'amusaient au jeu de la fronde, dans les fossés de Paris. La comparaison plut à quelques opposants; pour se reconnaître, ils eurent l'idée d'attacher à leur chapeau un cordon en forme de fronde, et on les appela les Frondeurs.

La Fronde, qui fut une rébellion contre l'autorité, donna en plus un spectacle navrant de réactions, de revirements, de retours des partis. Le Parlement de Paris d'abord soutint les Frondeurs ; le prince de Condé commença par lutter contre eux, mais poussé dans le mouvement par sœur, Madame de Longueville, il devint ensuite leur chef. La fière duchesse

commendataire de Grandselve, Beaumont entre dans cette coterie ridicule et affreuse ; du mois d'octobre 1651 au mois d'août 1652 il fut occupé militairement. Pendant ces dix mois M. de Sainte-Marie y exerça, au nom des princes de Condé et de Conti, un pouvoir discrétionnaire. Aussi la jurade ne s'assembla pas, les consuls durent abandonner l'administration, les archives furent saisies, et c'est pourquoi elles sont muettes sur cette époque si intéressante. Un avocat, célèbre alors au Parlement de Bordeaux, M. de Guyonnet, nommé intendant et commissaire de l'armée des princes, vint s'installer à Beaumont, qui devint ainsi le principal centre d'opérations. — Cependant les villes de la contrée étaient rentrées dans le devoir, Beaumont, isolé au milieu d'un pays soumis à l'autorité du roi, restait le suprême rempart des Frondeurs et n'avait pas d'autre alternative : ou de se voir assiégé ou de se soumettre volontairement. Or, ce temps-là fut calamiteux ; les terres n'ayant pas été ensemencées, la disette décima les habitants et les impositions de guerre ruinèrent tout le monde. Pour comble de malheur, les maladies épidémiques vinrent aggraver la situation des Beaumontois qui gémissaient de cet état de choses. L'annonce de l'approche des troupes royales, la pensée

entraîna encore Turenne qui, pour plaire à ses beaux yeux, selon l'expression de La Rochefoucault, se rangea du côté des mécontents.

Circonscrit d'abord à Paris, le parti de la Fronde s'étendit peu à peu dans les provinces et y sema des troubles. Le Languedoc, la Guyenne et la Gascogne eurent beaucoup à souffrir.

d'un siège à soutenir jetèrent partout l'alarme et on ne vit la fin à tous ces maux que dans la soumission à l'autorité du roi. — En prévision des événements, Fermat était accouru de Toulouse à Beaumont. Après plusieurs réunions publiques qu'il présida et où l'opinion générale se manifesta contre les horreurs d'un siège, il fut chargé par ses concitoyens de parlementer avec les chefs de troupes royales (1). En conséquence la ville ne fut pas assiégée, le gouvernement militaire cessa et les consuls reprirent la direction des affaires municipales au grand contentement de la population.

VI.

Si modeste et si retirée fut la vie de Fermat qu'on la connait à peine. Certes j'aurais bien aimé de pouvoir relater des faits intimes, j'aurais bien voulu savoir le plus de détails possibles sur l'existence de cet homme de génie, de cet homme de bien pour les porter à la connaissance de ses concitoyens, mais les documents manquent ou me font défaut. Et cependant au peu que nous savons, n'y en a-t-il pas assez pour proposer Fermat comme exemple. Fermat

---

(1) Trois personnes furent adjointes comme parlementaires à Fermat : c'étaient M. de Toureil, noble Prévost, sieur de Bréville, et M. de Cirol. Ces hommes par leur caractère conciliant, leur aménité, leur haute situation à Beaumont intervinrent souvent entre les Frondeurs et les Royalistes, et aplanirent les difficultés qui s'élevaient à chaque instant entre l'intendant et les consuls des localités environnantes.

est le parfait modèle du savant humble et grand, du vrai patriote, du bon citoyen, du digne chef de famille. — Que les parents fassent connaître à leurs fils cette vie si édifiante. Par cet exemple les jeunes gens apprendront à devenir, non pas des savants (ce n'est pas donné à tous) mais des hommes de bien. Beaumont, d'ailleurs, a fourni son contingent à la France et au monde scientifique ; n'a-t-il pas aujourd'hui même un de ses enfants professeur, le plus distingué peut-être, de la Faculté de Toulouse ? Et qui sait ce que l'avenir lui réserve ; pourquoi dans les Arts, dans les Belles-Lettres, dans la Politique n'aurait-il pas un jour d'autres de ses enfants qui viendront rehausser l'éclat de la ville natale et ajouter à la gloire de la mère-patrie ?

VII.

Dans l'incertitude du lieu de naissance de Fermat, les Toulousains avaient pensé que le grand mathématicien était né en leur ville ; aussi ils ont donné son nom à une rue, ils ont placé son buste dans la salle des illustres de leur Capitole. Mais depuis la découverte de l'acte de baptême, Toulouse la savante n'a qu'à honorer en Fermat un de ses plus célèbres magistrats, Beaumont revendique l'honneur de le compter parmi ses enfants.

Ce nom fait l'orgueil de notre ville, sa gloire réclame une statue. Oui, il faut placer son image, de marbre sculpté, sur la place de Beaumont, en face la Maison commune. Cette image élèvera la pensée des membres de la municipalité lorsqu'ils auront à délibérer ;

cette image rappellera aux juges et aux justiciables que Fermat personnifia la Justice, la Loyauté, la Droiture; cette image dira que les Beaumontois, en honorant un grand homme, savent honorer la Science, le Patriotisme et toutes les Vertus.

Oui, il faut élever un monument à Fermat au moyen d'une souscription publique; il faut que cette souscription ait un caractère essentiellement et uniquement populaire; il ne faut pas qu'on puisse dire que, en donnant une somme très-forte, qui que ce soit a eu une part plus grande à l'honneur de l'œuvre; aussi personne ne pourra souscrire au-dessus de vingt francs, et toute somme, si modeste soit elle, sera bien reçue.

Cette œuvre doit rester étrangère à tout esprit politique, à tout esprit de parti. Elle n'est sous le patronage de personne, ou plutôt elle sera sous le patronage de tous. Elle se place au-dessus de nos dissensions pour ouvrir un champ où tout le monde devra se rencontrer et s'entendre. Elle fera diversion à la politique, et Dieu veuille qu'autour de la statue d'un grand homme de bien, viennent s'effacer les partis et régner la Concorde!

Tout le monde donnera, et plus on donnera plus le monument sera beau. Si on prend une moyenne de mille souscripteurs avec une moyenne de cinq francs, cela fera cinq mille francs, de quoi avoir un buste en marbre sur le modèle de celui de la Salle des Illustres à Toulouse; si les deux moyennes sont plus élevées, alors nous pourrons ériger une statue en pied, avec la robe de conseiller de Parlement. — Allons, habitants de Beaumont, délions nos bourses et montrons-nous généreux en mémoire d'un Beaumontois qui fait la gloire de notre ville.

Le jour de l'inauguration du monument nous organiserons une grande fête. Des délégués de la presse, des députations des sociétés savantes de Toulouse, de Montauban et d'ailleurs y assisteront. De tous côtés on viendra en foule applaudir une population qui aura mérité qu'on inscrive en lettres d'or sur le piédestal de la statue :

A Pierre Fermat,

Beaumont, sa ville natale.

J'offre à tous les souscripteurs un exemplaire de cette notice sur Fermat. Ce sera mon écot, je souhaite qu'après cette lecture, chacun trouve n'avoir pas donné assez et qu'on vienne donner encore. Je ne serai pas des moins heureux d'avoir apporté ma pierre au monument.

Jules FRAYSSINET.

Les personnes qui posséderaient des lettres, des écrits de Fermat, ou encore des documents le concernant, sont priées de vouloir bien les confier à l'auteur de cette brochure. Il pourrait les utiliser pour une Histoire de Beaumont, à laquelle il travaille, et d'où la présente Notice est extraite.

Montauban, Imp. et Lith. Forestié, rue du Vieux-Palais, 23.

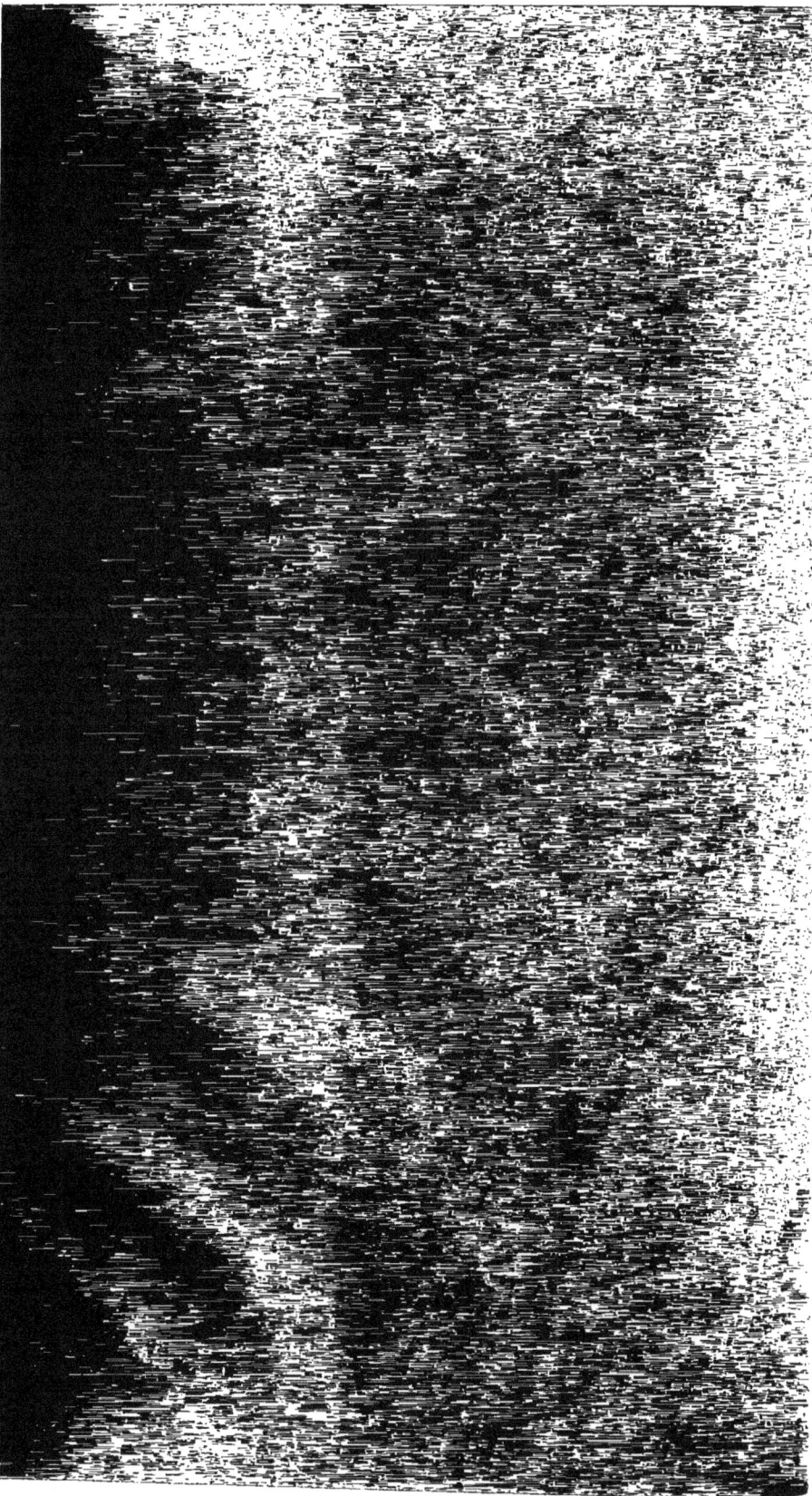

Cette Notice est offerte
à tous les Souscripteurs à la Statue
de Fermat.

www.ingramcontent.com/pod-product-compliance
Lightning Source LLC
Chambersburg PA
CBHW060625050426
42451CB00012B/2436